Scottish Folk Tales in Gaelic and English

D1386155

Cover design and photographs by Charles MacIain

Prior to scanning photographs were mounted on Marlemarque Marble White paper from G.F. Smith & Son's exclusive collection

Colour transparencies by Ideal Format Colour Processing Laboratory.

Colour separations by Swan Graphics.

Typeset in Century Schoolbook 14 on 17 point

Printed by offset litho on Fynewhite Offset 100gsm paper from Fyne Papers

Scottish Folk Tales

in Gaelic and English

Narrated By

Iain MacKinnon

Edited By

Barbara MacAskill

Published by   JMK Consultancy (Publishing)   At Edinburgh
1991

First published in Great Britain in 1991 by JMK Consultancy (Publishing)
39 Balgreen Road Edinburgh EH12 5TY

Copyright © 1991 JMK Consultancy

All rights reserved. No part of this publication may be reproduced,
stored in a retrieval system, or transmitted in any form or by any
means electronic, mechanical, photocopying, recording or otherwise
without the prior written permission of the publisher and copyright holder.

ISBN 1-873603-00-2

British Library Cataloguing in Publication Data

MacKinnon, Iain
Scottish folk tales in Gaelic and English
1. Scottish Gaelic fiction. Short stories
I. Title   II. MacAskill, Barbara
891.6333 [F]

This book was designed and printed in Scotland by JMK Consultancy

Introduction

Story telling is as much a part of Scottish heritage as the mountains and lochs. In former times it was not uncommon for the leading families to maintain the services of a personal bard who would entertain family and guests of an evening. Whether the family was high ranking or more humble the tradition of story telling was widespread. Most tales are based on some element of reality and retold as intriguing adventures and some are true representations of real events. The mists of time have a habit of confusing which is which. So on the principle that all things are true and if not a good story is worthy of telling this book presents a range of tales for your pleasure and entertainment.

The Gaelic tales are related by Iain MacKinnon, a native Gaelic speaker from the Isle of Tiree and edited by Barbara MacAskill, a native Gaelic speaker from the Isle of Skye. For the benefit of those readers who do not have the good fortune to speak the

language of legend and mystery each tale is retold in English on the facing pages

The photographs by Charles MacIain showing the land as it is today demonstrate some of the timeless qualities of a landscape inhabited by a people who clung close to its surface drawing their existence, hopes, and inspiration from what they saw around them. It is small wonder that the influences of space, distance, colour, and light when brought together in an ever changing array of subtleties have woven a wealth of legend and mystery into the hearts and souls of the people.

Clar-innse

Contents

Illustrations

Aonghas Agus An Gearr

Bha grian blàth ann le gaoth aotrom àillidh an latha a bha Domhnull agus Aonghas a bhràthair na'n suidhe air gàrradh a geurachadh an cuid speal ann am maiseachd dùthaich grinn An t-Eilean Dubh. Bha grinneas gach achadh arbhar na shineadh ma'n coinneamh a carachadh gu sèimh leis a ghaoth.

"Tha latha math fogharadh ann a Dhomhnull, agus ma mhaireas an aimsir seachduinn eile bithidh an t-arbhar againn stigh anns an iodhlan." Dh'aontaich Domhnull ris na thubhairt Aonghas 's bha e toilichte leis na bha e a faicinn ma choinneamh. Ghabh iad air aghart a seògadh nan speal a null agus a nall a buain an arbhar gu làidir le eòlas air an obair a bha iad a cleachdadh.

Gun rabhadh leum gèarr mór ruadh air beulabh Aonghas mar a thoiseach e air tarruinn sios na speal. Cha robh comas aige air am creutair a sheachnadh 's mar sin bha cruachan a bheothaich air a

Angus And The Hare

The sun was warm and the wind light and fair as Donald and his brother Angus sat on the dyke whetting the blades of their scythes. The gentle countryside of the Black Isle stretched before them in the splendour of gently swaying corn fields.

"A fine day for harvesting, Donald, if this weather lasts for another week we will have all the corn in the yard." Donald nodded, well pleased with what he saw before him. They returned to their work making good progress, with the scythes swinging in an easy motion to and fro felling the corn with the skill that comes from long experience.

Suddenly a large brown hare reared before Angus as he was beginning a downward stroke of his scythe. He could do nothing as the scythe descended on the creature catching it on the haunch inflicting a deep wound. It gave a shrill squeal of pain and bounded off through the corn not stopping till it leaped on to the

dhroch ghearradh. Thug e sgiamh as leis a phian agus ghabh e triomh an arbhar gun stad gus an do leum e do mullach a gharraidh far an do shuidh e suas dìreach mar a ni gèarr. Chaidh crith triomh an dà bhràthair 's iad ag amharc air an gèarr leointe a gabhail beachd orra.

"Gu cinnteach thig droch bhuidseachd air aobhar so," arsa Aonghas, "ged nach do mhiann mi cron do'n chreutair." Dh'fheuch a bhràthair ri dimeas a chuir air na thachair ag ràdh gu'n leigheasadh lochd a ghèarr ann an ùine ghoirid agus nach robh móran cron air a dheanamh ach na dhéigh sin bha cùram na chridh mu dheibhinn Aonghas. Thachair cùisean mar so roimh agus glé thric bha seòrsa eigin do thubaist na'n lorg.

Mar a chaidh na laithean seachad gu cinnteach thoiseach cùisean air gabhail àite nach robh nadurra. Bha am mart a toir glé bheag bainne agus cha be sin am bainne math làn uachdar a

top of the dyke where it sat erect in the way that hares do. A chill ran through the brothers at the look they got from the injured animal.

"That will surely bring bad luck," Angus said, "although I meant no harm to the creature." His brother tried to make light of the incident saying that the hare's wound would heal soon enough and there would be no great harm done but in his heart he feared for Angus' well being. Such things had happened in the past and always resulted in misfortune in one form or another.

The days following, sure enough, brought a series of incidents which were out of the ordinary. The milking cow produced very little and that was not the rich creamy quality to which they were so accustomed but a weak tasteless fluid that could not be used for anything. The water in the well developed a strange flavour before finally drying out completely. Even the heat from the fire did not

bha iad a cleachdadh ach struthach gun bhlas 's gun feum air son ni air bith. Thàinig droch bhlas air uisge an tobar agus mu dheireadh thiormaich e uile gu léir. A bharrachd air sin cha ghoiladh an teinne a phoit. Bha Kirsty a bhean aig Aonghas a gearan ged a sguabadh i gun stad cha b'urrain dhi an tigh a chumal glan. Rinn Aonghas suas inntinn gu'n robh feum air rud-eigin a dheanamh agus tharruinn e air tòir comhairle bho seann bhoireannach a bha fuireach ann am bothan ri taobh uaimh MacFearchair aig traigh Caol Moreibh. Bha aithne orra a bhi na boireannach glic aig an robh leighis air gach ni.

Nuair a chula an seann bhoireannach suim na droch ni a bha tachairt, thubhairt i ri Aonghas a bha cho mi-shona, "Thug thu do thubaistean ort fhéin le bhi tarruinn na speal le do làimh-chlì. Bha an geàrr na ciod air bith a chunnaic thu ann an cumadh geàrr air an car a thoirt as le obair do liamh-chlì. Cha bhrist duine eile

boil the pot. Angus' wife Kirsty complained that no matter how much she swept, the house could not be kept clean. Angus decided something must be done so he set off to consult the old woman living in a bothy by MacFarquar's cave on the shores of the Moray Firth. She was known as a wise woman, well versed in cures for all manner of things.

When the old woman heard of the list of misfortunes she told the unhappy Angus, "You brought your misfortunes upon yourself weilding your scythe with your left hand. The hare or whatever it was that took on the shape of a hare was caught unawares by your left handed motion. Only you can break this spell which has been cast upon you. You must kill the creature and bury it at the place where the deed was done or your misfortunes will continue until it has had it's full revenge."

ach thu féin am buidseachd a chaidh a chuir ort. Feumadh tu an creutair a mharbhadh agus tiodlaic e anns a cheart àite far an robh e air a leòn neo maraidh na trioblaidean gus am faigh an gèarr a làn dhioghaltas."

Dh'eisd Aonghas ris na chuala e agus fios math aige nach bitheadh e comasach dha an creutair fhaighainn. Thill e dha-chaidh gu brònach ann am beachd nach robh e comasach dha ni a dheanamh.

An ath latha chaidh iad na'n cabhaig a cuir crioch air obair an arbhar nuair a chunnaic iad neòil le coltas uisge a tarruinn dlù anns an athar. Rinn Domhnull fiamh gàire ag ràdh, "Seall so, Aonghas, bithidh an t-arbhar a stigh againn ma's brist an aimsir, 's e sin comharradh math gu'm bheil na tubaistean agad seachad a dh'aindeoin ciod a thubhairt an seann bhoireannach."

Angus listened to what had been said knowing the task of finding the animal was nigh impossible. So he returned home much saddened and resigned to the fact that nothing could be done.

The next day while working at the corn rain clouds began gathering on the horizon and the two men began rushing to clear the field of corn. Donald grinned at his brother and said, "You see, Angus, we will have the corn in before the weather breaks. This is an omen that your misfortunes are at an end whatever the old woman said."

He had no sooner spoken than in his haste Angus struck his foot against a boulder lying by the edge of the field and fell against his scythe which had been propped against the dyke. He felt a great pain in his leg and saw the blood pouring from a deep gash across his thigh. Just at that moment a large brown hare bounded

Cho luath 's a bhruidhean Domhnull, bhuail Aonghas a chas air clach mhór a bha aig oir an achadh agus thuit e tarsuinn air a speal a bha ri taic a ghàrraidh. Dh'fhairich e pian garbh na chas agus mhothaich e fuil a dortadh a gearradh domhainn air a shliasaid. Aig a cheart am leum gèarr mór ruadh tarsuinn air an achaidh a bha air a rèitach, thionndaidh e a shealltain air an duine a bha air a lochd mu'n deachaidh e as an sealladh triomh a gheata gun fhaicinn gu brath tuilleadh.

Thàinig an t'uisge 's lian an tobar aig Aonghas, leigheas am mart agus thoiseach i air thoir bainne math. bha an teinne a dearrsadh, agus bha Kirsty toilichte air aobhar gun robh e a nis furasda an taigh a ghlanadh. Bha Aonghas gun gearan na cheann a gabhal cùram math a thaobh leighis an lochd air a chas. Bha fios aige gu'n dh'fhuar an gèarr na ciod air bith eile a bha ann dioghaltas agus buidheachas.

across the cleared field turning to look at the wounded man before disappearing through the gate, never to be seen again.

The rains came and Angus' well filled up once more, the milking cow was cured of it's malady and began producing good milk again, the fire burned brightly once more, and Kirsty no longer complained about keeping the house clean. Angus nursed his wounded leg without complaint till it healed knowing that the hare, or whatever it was, had indeed gained revenge and satisfaction.

Acras a'Mhadadhallaidh

A chionn fada nuair a bha fearann dùthaich na h'Alba gu math gruamach agus mi-coltach ri cùis an latha diugh shealbhaich aonaran do mhadadh mór glas, ann an sgireachd Mhorbhainne. Na òige bha e na bhrùid faidhaich làn neart gu math danarra na dhòigh agus mar sin cha robh e riamh duilich dha gréim fhaotainn air biadh blasda, 's a bhi ga chluich fhéin a ruagadh creutairean eile agus a leigeil fhaicinn a chomas air sin a dheanamh. Mar a bha e fàs sean thuig e gun do thoisich a neart air fhagail agus gu math bitheanta cha robh e cho luath na cho làidir air glacadh na beothaichean a bha e ruagadh.

Aon latha mar a bha e ga ghrianadh fhéin air clach mhór réidh a gabhal tlachd do'n ghrian deireadh an t-samhraidh thionndaidh aire air an dòigh a ghabhadh e air son biadh a chumal ris fhéin fada a gheamhradh. Bha fios aige nach bitheadh e soirbh dha. Dlù dha dh'fhairiche e fuaim anns an iarmailt bhlàth bho treud do

The Hungry Wolf

A long time ago when the land was much wilder than it is today there lived a lone, large grey wolf in the land of Morvern. In his youth he was a savage beast of great strength and determination who never found it difficult to catch a tasty meal or take sport in pursuing other creatures just to show he could. As he grew older he found his strength was beginning to leave him and more often than not he had neither the speed nor strength to catch the animals he pursued.

One day while sunning himself on a large flat rock enjoying the last of the summer sun his thoughts turned to the problem of feeding himself over the coming winter. He knew it would not be an easy task. Close by the sounds from a grazing herd of goats drifted in the still warm air. "I wonder," he said to himself, "if I could fool these stupid animals and have a fat kid for my dinner?"

ghobhair a bha ag ionaltradh. "Shaoilainn," ag ràdh ris fhein, "na'n rachadh agam air an car a thoir as na creutairean gòrach sin bhitheadh aon do na gobhair òg agam air son mo dhinneir?"

Bha na gobhair gun aire air ni ach am feur uaine beairteach air an robh iad ag ionaltradh 's mar lean iad air an aghart ghlaodhaich e, "Am bheil e comasach do aon agaibh a bhi cho caoimhneil agus cuideachadh a dheanamh do bheothach bochd a chaill a shealladh?"

Chruinneach na gobhair ri chéile gun fios ciod a b'fheàrr teicheadh na cobhair a thoirt do'n mhadadh. Ann an ceann ùine agus an déigh móran reusonachadh cho-dhuin iad nach b'urrainn dha cron a dheanamh orra ma bha e gun teagamh dall. Choiseach gobhar òg a mach bho'n chuid eile agus gu cùramach dh'fheòraich e, "Ciod an tubaist a thàinig ort mar a chaill thu do leirsinn?"

As the goats, unaware of anything other than the rich green grass they grazed, wandered closer he called out, "Can one of you kind goats help a poor animal who has been made blind?"

The goats herded together not knowing whether to run to safety or to come to the wolf's assistance. After some time and much discussion it was agreed that he could do them no harm if indeed he was blind. A young billy-goat stepped forward from the others and cautiously enquired, "What misfortune has fallen upon you to cause you to be blind?"

The old wolf, greatly encouraged by this response, lowered his head to the rock, appearing to be in great distress and in a pitiful voice told the billy-goat that a gust of wind had blown sharp grit into his eyes and if the billy-goat would be so kind as to help to remove the painful stones he would be so grateful that he would protect the herd from any animals who would attack them and

Thug so misneach mhath do'n t'seann mhadadh agus leig e a cheann a leigeil air a bhi ann an dròch shuidheachadh, agus ann an guth gu math brònach thubhairt e ris a ghobar òg gu'n do shéid oiteag gaoth garbhan geur na shuillean agus gu'm bitheadh e na chomain na'm bitheadh e cho math agus cuideachadh air na clachan geur pianal a ghlanadh bho shuillean. Na'n deanamh e sin bitheadh e cho taingeil agus chumadh e dìon air an treud bho bheothaichean eile 's mar sin bhitheadh e comasach dhaibh ionaltradh gun eagal na cùram fad am beò. Nuair a chula an treud so, dh'iarr iad air a ghobhar òg deanamh dlù ris a bhrùid bhochd agus air sgàth mathas an treud, amharc air ciod a bha na chomas a dheanamh. Ghluais an gobhar òg gu cùramach ach aig a cheart àm deas air son teacheadh na'n robh feum air. Cha do ghluais am madadh mar a bha e ri thaobh agus a reir coltas cha robh e ga fhaicainn 's mar sin chrom an gobhar òg a cheann air son

they would be able to graze in peace for the rest of their lives without any fear or worries. On hearing this the herd encouraged the young billy-goat to approach the injured animal to see what he could do for the sake of the herd. The billy-goat carefully moved closer, all the while prepared to make a quick dash for it, until he was standing by the old wolf. Still the wolf did not move nor appear to see him, so the billy-goat lowered his head to see better the stones in the wolf's eyes. "I can not see what is in your eyes" he said. "Move closer," the wolf told him, "and it will be perfectly plain."

Too late the billy-goat realised what was happening. The wolf had him firmly by the throat and try as he might he could not escape. "The goats are fools," thought the wolf, "winter will be easy."

barrachd sealladh a bhi aige air na clachan ann an suillean a mhadadh. "Chan'eil mi faicinn ni na'd shuillean," thubhairt e. "Gluais na's dlùithe," thubhairt am madadh ris, "agus bitheadh e soillear gu leòir fhaicinn."

Bha an gobhar òg gun aire 's ro-anmoch air tuigse coid a bha gabhail àite. Bha a sgòrnan ann an greum teann a mhadadh agus fiachinn mar a b'urrainn dha, cha robh dol as dha. "Se amadain a tha anns na gobhair," smaointaich am madadh, "bitheadh an geamhradh soirbh dhomh."

A Clach Sheirm

Tha àite ann an Eilean Thioridh aig braigh cladach an iar-thuath far am bheil clach mhór dhuth na suidhe air clach eile nach'eil cho mór. The seann scrioban beag cruinn air a chlach mhór agus chan'eil fios na cinnte aig duine ciod an ciall ach tha iad glé shean. Tha cuid ann am beachd gu'n deachaidh na scrioban a chuir air a chlach ga dearbhadh air son cuideachadh a dheanamh do dhaoine a bha ann am feum cobhair agus a toirt rabhadh do dhaoine eile an cunnart na'm bitheadh i air a milleadh. Tha e air a ràdh gu'n deachaidh a chlach a chuir anns an staid thurraman anns am bheil i le daoine o' shean aig an robh barrachd tuigse na tha againn an diugh. Tha daoine eile a deanamh a mach gu'n robh i air a cuir far am bheil i le creutairean diomhair aig an robh comas air teachd an làthair ann an coltas dhaoine.

Ann an aimsir bochd bha e duilich do luchd an eilean a bhi beò air cho beag 's a bha aca. Thug so air Lachlunn Am Bard togail air

The Ringing Stone

There is a place on the Isle of Tiree by the shore, on the north west side of the island where a large black stone rests balanced on a smaller stone. On the large stone there are carved small circles. No one knows for sure the purpose of these carvings but they are very old. Some say they were put there to identify the stone for those who may need it's help and to warn others of the dangers if they misused it. It has been said the stone was placed in this rocking position by ancient people who had greater knowledge than we have today while others say it was put there by mystical creatures who had the power to take on human form.

During a time of great hardship when the island people had little to sustain themselves Lachlan am Bard sought out the stone to gain it's help. He had not been to that place before, such was the respect he had for the powers attributed to it. He only knew of it's location from the description he had heard by the fireside in his grandfather's house when he was a child. His memory and the

a dh'ionnsaidh na cloich air toir cuideachadh. Cha robh e riamh riomh aig a chlach a chionn gu'n robh speish aige ris a chomas cobhair a bha air aithris orra. Cha robh eòlas aige air a suidheachadh ach na chuala e aig taobh an teinne ann an tigh a sheanair mar bha e na bhalach. Bha a chuimhne air na chuala e math agus ann an ùine ghoirid bha e ri taobh na cloich.

Bha beul na h'oidhche ann 's goath fuar a bualadh an steach o'n chuan. Bha e neo-chinnteach ciod a dheanamh e 's mar a shìn e a làmh agus ga cuir air a chlach dh'fhairich e gu'n deachaidh i air chrith. Tharruinn e air ais gu grad 's e a beachachadh air an eachdraidh a chuala e mu'n triuir fhear a dh'fhiach ri car a chuir orra agus a bha air am bàthadh ann an ceann seachduin ann an dòigh annasach mar chaidh car do'n gheol aca ann an cuan seimh.

Ghlachd e a mhisneach 's le dhòrn dùinte tharruinn e buillean ciùin air a chlach ach cha chuala e ni eile ach gnog bog a chluinneadh aon bho chlach 'sam bith eile 's mar sin thog e èideag

description were good and before long he found himself standing by the stone.

It was early evening. A cold wind was blowing in from the sea and he was very unsure about what he should do. His hand reached out to touch the stone and he felt it rocking. Instinctively he pulled back remembering the tale of three young men who had tried to topple the stone from it's base and the following week had drowned when, for some unexplained reason, their boat had capsized in a calm sea.

Plucking up his courage he closed his fist and gently rapped on the stone but heard nothing other than the soft thud one would hear from any stone so he picked a pebble from the shore and sharply struck again with three hard knocks. This produced a loud metallic ring much like the chiming of a large bell. Again he stood back and waited. Before long he saw a head appear in the sea

do chlach bho'n chladach agus a rithist tharruinn e orra gu cruaidh ga bualadh tri uairean. Thug so fuaim làidir aisde mar co-sheirm bho glag mór iaruinn. Sheas e air ais agus dh'fhuireach e. Ann an ùine ghoirid chunnaic e ceann a teachd an lathair dlù liambh anns a chuan. Shaoil e an toiseach nach robh ann ach ròn, ach mar a dhlùich e ris a chladach thàinig e am folish mar ceann duine le falt fada sgaoilteach air. Thàinig eagal na chridhe mar a dhlùich an creutair 's mu dheireadh air fagail an uisge choisich e suas roinn do'n traigh. "Car-son a ghairm thu orm, Lachlunn Am Bard?" dh'fheòrich an creutair.

Gh'fhàg an t-eagal a bhodhaig nuair a chuala e an guth caomh. "Tha am mart agam bochd 's i air sguir a thoirt bainne," dh'fhreagair e, "agus chan'eil ni agam air son biadh mo leanabh anns an aimsir thrioblaideach so."

close by. At first he thought it was a seal but as it came closer to the shore it formed the shape of a human head with long flowing hair. Fear crept into his heart as the creature came closer, finally leaving the water and walking part way up the shore. "Why have you called me, Lachlan am Bard?" the creature asked.

Just as the fear had come to him he felt it leave his body. This was a gentle voice. "My cow is sick and gives no milk," he replied, "and I have nothing to feed my child in these troubled times."

The creature stood silently looking at him as if trying to make a decision and eventually said, "Many people have nothing in these times but you Lachlan am Bard have come to me for help. Go home and feed your child, and tell no one you have been to this place."

The creature turned and slipped back into the sea and once more Lachlan heard the words, "Many people have nothing,"

Sheas an creutair na thost a gabhail beachd air mu'n do dh'fhreagair e ag ràdh "Tha móran dhaoine anns an aimsir bhochd so ann an eugmhais ach thàinig thu Lachlunn Am Bard air mo thoir air son cobhair agus mar sin, falbh dhachaidh agus biadh do leanabh. Na leig ort ri duine an reuson a thug ort tighinn an so.

Thiondaidh an creutair air ais do'n chuan 's Lachlunn uair eile a cluinntinn na briatharean, "Tha móran dhaoine gun ni," mu'n do dh'fhalbh e mar a thàinig e air ais do'n chuan.

Nuair a chaidh Lachlunn dhachaidh fhuair e am mart gu math slàn agus làn do bhainne. Chuimhnich e an sin air na chuala e bho'n chreutair aig a chlach. Bha clann a nàbaidh le pailteas bainne aca agus cha do dhinnis Lachlunn do dhuine beò ciod a thachair gus an robh e na sheann dhuine maille ri ogheachan aig taobh an teine.

before the creature resumed it's original shape and disappeared.

When he arrived home Lachlan found his cow full of milk and remembered the words he heard. During these troubled times the children of his neighbours all had milk to drink and he told no one of what had happened until he was an old man with grandchildren round his fireside.

An Darna Sealladh

Air latha math earraich bha seann Eoghann agus ògha a coiseachd o'n tighh a dh'ionnsaidh a chladaich. Bha an latha fionnarach 's gun deò air athar agus na neòil àrd anns na speur. "Se latha math a bhitheas ann," thubhairt an seann duine, "agus seòllaidh sinn a mach seachad air Ciore-Bhreachan. Tha faireachadh na'm chnaimhean g'um bheil pailteas do dh'iasg ri fhaotainn ann." Bha an gille air a dhòigh. Bha gaol aige a bhi faireachadh oiteag do gaoth fionnar ri aodann agus fuaim a chuain bho chasan. A bhi air falbh far an d'thubhairt a sheanair bhitheadh iad air falbh fada an latha.

Mar a ghlùthaich iad air a chladach chunnaic iad seann bhoireannach a coiseachd dlù do'n gheòla a bha air a tarruinn suas do bhraigh a chladaich dà latha riomh sin air son bairneach 's sligean a ghlanadh dhith. Tha a leithid so do shligean ri fhaotainn air clàr gach geòla a seòladh air cuan. Shinn an seann bhoireannach a làmh gu toiseach na geòla. Thionndaidh i sin a

The Second Sight

Old Hugh and his grandson were walking from the house to the shore one fine spring morning. There was a refreshing sharpness to the air and the clouds were high in the sky. "It will be a good day," said the old man "we will sail out beyond Corrievreken. I feel it in my bones there will be good fish for us there." The lad was delighted. He loved the fresh breeze on his face and the movement of the water under his feet. To go where his grandfather had said meant they would be gone all day.

As they approached the shore they saw an old woman walking close by their boat which had been pulled out of the water just two days before to clean off the barnacles and small creatures that cling to the hulls of seagoing craft. The old woman's hand reached out and rested on the prow of the boat. She turned her face away from them and gazed out beyond the Treshnish Isles into the distance. "Who is she?" young Lachlan asked of his grandfather.

h-aghaidh air falbh bhuaipe 's i ag amharc a mach thairis air Eileanan Thresnish. "Co i?" dh'fheoraich Lachlunn òg bho sheanair.

Bha cùram ann an suillean an seann duine. Dh'fhàg aoibhneas e agus bha coltas air gu'n robh e ann an trioblaid. "Tha mi smaointinn," arsa esan, "se latha math a bhitheas ann air son eòlas a thoirt dhuit air linn a charadh, bithidh an t-iasg ann air son uair eile." Cha do thuig Lachlunn beachd a sheanair 's dh'fheòraich e a rithist mu dheibhinn an seann bhoireannach agus car-son nach rachadh a sheanair a dh'iasgach mar a bha e a faireachadh na chnaimhean gu'n robh iasg ann agus an aimsir math. Ach bha an seann duine an déigh tionndadh le greum aige air a ghàirdean ga threòrachadh air ais gu'n tigh.

Dh'ionnsaich Lachlunn gu math luath air na linn a chàradh agus ann an deireadh an latha bha e gabhal spéis dha fhéin air

The old man's eyes had suddenly gone dull. The cheerfulness left him and he appeared to be troubled. "I think," he said "today will be a good day to teach you how to mend a net. The fish will keep for another time." Lachlan didn't understand this change and enquired again about the old woman and why his grandfather would not go when he felt in his bones the fish would be there and the weather being fine. But the old man had already turned and taken hold of his arm to lead him back to the house.

By early afternoon Lachlan had learned well to mend a net and as he was congratulating himself on the neat job he had done his grandfather pointed to the sky without saying a word. The boy looked out to sea over his shoulder and saw heavy black clouds appearing, it seemed from nowhere, until they grew to a huge size. He looked at his grandfather and exclaimed, "They are being chased by a great wind. We will surely be in for a storm." The old man nodded in agreement. "The old woman saw it," he said.

cho math 's a bha e air an càradh. Bha a sheanair gu math sàmhach gun aon fhacal a tighinn as a bheul agus e a nochdadh le chorrag ris an speur. Sheall an gille thar a ghualainn a dh'fhaicinn ciod a bha cur air a sheanair agus an sin chunnaic e neòil mhór a teachd an lathair gun fios aige co-as a bha iad a tighinn. Ghlaoidh e ri sheanair ag ràdh "Tha na neòil sin air am fuadach le gaoth làidir agus tha coltas stoirm gu bhi ann." Dh'aontaich a sheanair ri beachd a ghille agus thubhairt e "Chunnaic an seann bhoireannach an stoirm a tighinn. Tha e na's sàbhailt bhi air tìr ann an droch aimsir mar so." Dh'fheoraich Lachlunn a rithist mu'dheibhinn am boireannach neònach ach an aon freagairt a fhuair e se,"Tha cuid do dhaoine a chi an saoghal agus tha cuid eile a chi seachad air."

Iomadh bliadhna an déigh so bha Lachlunn na dhuine òg a seòladh air bàta marsantachd air turas bho 'Carolina'. Bha e na

"Better to be on the land in weather such as this." Again Lachlan asked about this strange woman but all the old man would say to him was "There are those who see the world and there are those who see beyond it."

Many years later when the lad had grown to be a man he was lying on his bunk on a merchant ship returning from Carolina. He had just come off watch and was tired. As his eyes began to close he was aware of a shape approaching the bunk. Startled he sat up and to his utter amazement he saw the same old woman he had seen on the shore when he was a boy. His thoughts were so confused he could find no words to say but the look on the face of his visitor was so dreadful that for the first time in his life he experienced real fear and terrible misgivings. Then just as strange as her appearance her image dissolved before his eyes. He decided to tell no one of this strange experience but could not get the image from his mind. The ship finally docked in England and

laidhe na leabaidh an déigh dha ceithir uairean dha obair a chuir seachad. Bha e gu math sgìth agus mar a bha a shùilean a dùnadh mhothaich e faileas a deanadh air a leabaidh. Chlisg e agus mar a dh'eiraich e na shuidhe dé chunnaic e ach an seann bhoireannach a bha aig a chladach nuair a bha e na bhalach. Bha a smaointinn cho aimhreiteach 's cha b'urrainn dha bruidhean leis a choltas eagalech a bha air aodann a bhoireannach agus 's e so a cheud uair na bheatha a dh'fhairich e fìor eagal agus droch dhol air aghaidh. An sin direach cho annasach agus a thàinig i shiolaidh a coltas mu choinneamh a shuillean. Rinn e suas inntinn nach innseadh e do dhuine an sealladh neònach a chunnaic e ach cha b'urrainn dha an sealladh a chuir as inntinn. Ma dheireadh ràinig am bàta port ann an Sasunn agus an sin rinn e suas inntinn agus deanadh dhachaidh.

there he made the decision to go home. On the ship's next voyage it was struck by a terrible storm in the Bay of Biscay and sank with all hands on board.

Air an ath thuras a rinn am bàta chaidh i fodha ann an stoirm eagalach ann an cuan a 'Bay of Biscay' agus bha a cuid sgioba uile air am bàthadh.

An Rathad Gu Caolas

Air feasgar blàth samhradh bha buidheann 'oigridh a coiseachd air an rathad a deanamh air Caolas ann an Eilean Thioridh. Bha iad làn toil-inntinn agus a mach air sgàth meudach fiosrachadh fhaighinn. Mar a ràinig iad dlù air Dùn-Mór, seann Dùn a bha air a thogal le sinnsearean nan òganich air son dion an aghaidh feachd do Lochlunnaich, ghabh iad air aghart a dh'ionnsaidh an Dùn ann am beachd cluich agus dibhearson a bhi aca. Bha fear dhiùbh a cluich port othail air piob-mhór, bha a chuid eile fiachainn co aca a thogadh a chlach a bu truime a thuit bho'n Dùn. Cha deachaidh ach beagan ùine seachad mar a thòiseach iad air bruidheann air cùisean gaisgeil, misneach mhath, 's blàir cogaidhean o'sheann.

"An saoil sibhse," arsa fear, "am bheil sinn cho gaisgeil 's a bha ar sinnsearan?" Dh'aontaich iad uile gu'm bitheadh iad a cheart cho gaisgeil na'm bitheadh feum air. Bha am piobaire na dhuine nach leigeadh seachad cothrom a thigheadh na rathad is thubhairt

The Road To Caoles

One warm summer afternoon a group of young men were walking the road to Caoles on the Isle of Tiree. They were in a good humour and in search of adventure so when they came to a place on the road close to Dun Mor, an ancient fort built by their ancestors to protect themselves against invading Norsemen, they headed to the ruins to see what sport they could make. One of the company played a stirring tune on the bagpipes, others competed to see who was the strongest by lifting the large stones which had fallen from the old fort. The talk soon turned to tales of the heroic deeds and great courage and battles of long ago.

"Do you think," one enquired, "that we are as brave as our ancestors were?" All agreed that if faced with a challenge they would be as brave as anyone. The Piper, being a man not to miss an opportunity challenged the others by asking, "Who among you will go down into that dark hole in the rocks between us and the sea?"

e ri càch, "Co agabh a theid sios do'n toll dhubh so a tha eadarainn agus an cuan?" An sin ghreasaich na bha conhla ris a dh'ionnsaidh an toll a shealltain ciod a dheanamh iad. Cha robh e fada gus an do thuig iad an cunnart a bha ma'n coineamh leis na creagan na'n laidhe sgaoilte an taic a cheile. Cho-dhuin iad nach robh ann ach faoineas a bhi neo-mhothachail do'n chunnart. Rinn am piobaire gaire nuair a chuala e cho beag misneach a bha aca agus thubhairt e, "Is mise an aon duine na'r measg aig am bheil misneach mhath. Theid mi stigh do'n toll dhubh so agus cluichidh mi port air a phiob-mhór o'n doimhneachd agus o'n àite as dorcha a tha cho iosal an sin." Thug a chairdean comhairle dha an aghaidh a leithid do ni cho cunnartach fhaichainn ach cha ghabhadh e an comhairle. Bha inntinn air a dheanamh suas agus rachadh e ann.

Cha robh ach ùine ghoirid an déigh dha dol sois do'n àite mar a bha fuaim na piob-mhòr a cluich port-siubhail ri chluinntinn leis a

Whereupon they all raced to the place to examine the task before them. They soon saw the danger from loose rocks and decided that good sense is a better quality to possess than foolhardy bravery. On hearing this the piper laughed at their earlier temerity and said with great pride, "I alone among you am the only one with real courage. I will go into the black hole and will play you a tune from the deepest and darkest recess." His friends all tried to dissuade him from what they considered to be a foolhardy venture, but to no avail. His mind was made up and he would go.

He had only entered the place for a few moments when the sounds of the pipes playing a brave march drifted out to the anxiously waiting group. The sounds slowly grew fainter as he progressed into the cavern. The waiting men began to feel a little foolish at their fears and declared their friend to be the bravest of them and deserved their full support. So one by one they entered

bhuidhean iomagaineach a bha na'n seasamh. Shiolaidh an ceòl mar a dh'imich am piobaire air aghart. Dh'aidich am buidheann a bha na'n seasamh gu'm be am piobaire an aon duine do'n chuideachd aig an robh misneach mhath agus mar sin bha còir aige air cuideachadh fhaighinn. Chaidh aon an déigh aon dhiubh sios far an deachaidh an caraid agus lean iad cèol na piob-mhór anns an dorchadas. An déigh dhaibh ùine a chuir seachad a tuisleadh tarrsuinn air an unlar chreagach chunnaic iad solus fann fada air astar mu'n coinneamh. Mar a lean iad air aghart 's ann a bu-mhotha agus a bu-shoillear a dh'fhas an solus agus bha ceòl na piob-mhór a toirt toil-inntinn dhaibh. Labhair fear dhiubh ann an briathran a shinnsearan ag ràdh, "Chan'eil teagamh ann nach toir saibhreas fabhar do na gaisgeach. Fhuair ur caraid slighe bho'n àite so."

Nuair a ràinig iad a mach ann an soillse na gréine thachair seann duine ruithe agus dh'fhèoraich iad an robh fios aige coid an

where their friend had gone and followed the sounds of his pipes going on before them in the darkness. After some time stumbling along the rough rocky floor they saw a faint light in the distance. As they came closer the light grew bigger and brighter and the stirring strains of the pipe music cheered their spirits. One of them, echoing the proud motto of his noble ancestor, called out to the others, "Fortune surely does favour the bold. Our friend has found an exit to this place."

When they emerged into the bright sunlight they encountered an old man close by and enquired of him where their friend had gone, for he was not to be seen. The old man replied that he had heard the music and came to see who was playing but no one had come out before them. It was only then that they realised the music was still within the tunnel from which they had recently emerged.

rathad a ghabh an caraid a chionn nach robh sealladh air. Thubhairt an seann duine ruithe gu'n cuala e an ceòl agus gu'n d'thàinig e a dh'fhaicinn co a bha cluich ach cha robh sealladh air duine. Is ann an sin a thuig iad gu'n robh an ceòl ri chluinntean anns an taobh a stigh do'n toll a dh'fhàg iad.

"Cha'n urrain sin a bhi," ghlaodhaich iad. "Cha robh e comasach dhuinn dol seachad air ann an rathad cho cumhann agus cha robh slochd no ùamh ri fhaicinn air fad na slighe air an robh sin." Thog an seann duine a liamhan 's thubhairt e gu brònach, "'S e droch latha tha ann air son ur caraid. Cha bhi e comasach dha an t'àite so fhàgail ma tha an ceòl àige ann an greim na daoine sìth." Cha robh e buileach na thosd a bruidheann mar a dhùin na creagan ri cheile 's mar sin cha robh dòigh air saoradh a dheanamh. "Feumaidh sin dol a steach do'n cheann eile agus fiachainn ri fhaighinn," thubhairt iad.

"It can not be!" they protested. "We could not have passed him in such a narrow passage and there were no caverns or passages off the track we followed." The old man threw up his arms in sorrow saying, "This is a bad day for your friend. He will never be allowed to leave that place if the Sith have his music." He had hardly finished speaking when the rocks slid together closing off all hope of rescue. "We must get to the other entrance and find him," they cried.

The old man shook his head and told them it would be a wasted journey for they would not be able to enter there either. It was indeed too late. When they reached the place where they had first entered they found the rocks had closed the opening and there was no hope.

The piper was never seen again but over the years many people, while walking the ground, have heard the sounds of

Chrath an seann duine a cheann agus thubhairt e nach robh ann ach turas gun fheum air aobhar gun robh an ceann eile mar an ceudna duinte, agus nach bitheadh dòigh aca air faighinn ann. Bha iad gu dearbh ro-anmoch agus gun comas ni a dheanamh. Nuair a ràinig iad ceann an tuill far an deachaidh iad a steach roi-làimh, chunnaic iad gun robh e duinte le creagan agus mar sin cha robh dòigh air saoradh.

Cha robh am piobaire ri fhaicinn gu bràth tuilleadh ach ged nach robh, bha ceòl bòidheach ri chluinntinn fad iomadh bliadhna le daoine a bhitheadh a coiseachd tarsuinn air an talamh mar gu'm bitheadh e a tighinn as a ghrunnd fo'n casan. Bha beachd aig cuid gun robh an ceòl air a chluich leis na daoine beag a tha comhnaidh anns na cnocan feoir ach ged a tha gaol mór aig na daoine beag sin air ceòl, chan'eil comas aca air innealan ceòl a chluich. Mar sin tha feum aca air cuideachadh agus luchd ciùl a ghlacadh. Tha e air a ràdh nach dean iad cron air duine, ach

beautiful music which seemed to come from beneath their feet. Some have said it is played by the little folk who dwell under grassy knolls. But the little people, although they have a great love of music do not have the ability to play the instruments. They need to have someone to do that for them. It is said they will do no harm to any person but those they catch they will keep until they can be tricked into letting them go. But how do you trick the expert tricksters?

nach-eil dol as aig duine air am faigh iad greim mar gabh an car a bhi air a thoirt asda. Ach cia-mar a bheir thu an car as na mealltairean sgileil.

Sgeulachd Chalum Mor

Tha an geamhradh ann an Eilean Ile air uairean gu math fuar agus fleuch. A bharr air sin tha an cuan mu'n chuairt air iomadh latha a tilgeadh cathadh na mara thairish air an talamh. Air oidhche mar so bha Calum a tilleadh dhachaidh an déigh dha sealltain air a chuid spreidh mar a chunnaic e coltas duine a doll as a shealladh seachad taobh an tighe. Chuir an sealladh so ioghnadh air a chionn nach robh beachd no dùil aige ri duine fhaicinn air an leithid so do dhroch oidhche. Sheas e na thàmh far an robh e agus an sin ghlaodh e ris a phears ach cha dh'fhuair e freagairt agus na dhéigh sin chaidh e as a shealladh.

Mar a chaidh Calum a stigh do'n taigh mhothaich e gun robh an teine air dol ás. Bha so gu math neònach a thaobh nach robh ach uair a thim o'n a chuir e gual air mu'n deachaidh e do'n bhàthach a bhleodhainn. Cha deach an teine riamh as ann an dòigh neònach mar so cho fada is bu chuimhne dha. Ghradaich e

Calum Mor's Tale

The winters on the Isle of Islay can be cold and wet with the sea, always close, boiling and throwing spray high onto the land. On such an evening Calum Mor was returning to the house after tending to the cattle when he saw what looked like a dark figure disappearing round the side of the building. It gave him a curious sensation for he thought that surely no-one would be visiting on such a night as this. He hesitated unsure for a moment before calling after the figure but there was no reply and the figure was gone.

On entering the house Calum noticed the fire strangely had gone out. Strangely because he had put on fresh coals less than an hour before when he left for the byre to do the milking and that fire had not gone out for as far back as he could remember. He immediately set about rekindling the fire with fresh sticks and a lighted spill from the lamp. The house had a strange coldness about it which should not have been for the short time it was

ris an teine lasadh le biorain fiodh a cur lasag ris bho lasan a chruisgean. Bha fuachd neònach anns an taigh nach bu chòir a bhi ann air son an ùine ghoirid a bha e gun blàthas an teine. Bha an t'unnlar bogaichte fluich gnothach a bha duilich dha a thuigsinn. Bha e sgìth an déigh obair an latha agus cho claoidthe na bheachd 's na inntinn nach robh e comasach dha dealbh a chuir air na chunnaic e. Is ann mar sin mu'n deachaidh e laidhe lion e dram math dha fhéin. Bha na bheachd mar thigeadh a mhadainn gun cuireadh soillse an latha dealbh air na chunnaic e. Chuir e an crann air an dorus ni nach do rinn e bho chionn fada. Air eilean mar so cha robh riamh feum air dorsan a bhi glaiste ann an cùisean riaghailteach.

Air an ath mhadainn chadail Calum thairis air uair éiridh an déigh dha droch oidhche a chur seachad a bruadair air an aimhreit a bha na inntinn agus air na seirm iongantach a bha e a

without heat and there was a dampness on the floor which he could not explain. He was tired after his day's labour and too weary to think clearly about the disturbing event so he poured himself a large dram before retiring for the night. Tomorrow would solve the puzzle but he took the precaution of bolting the door that night, something he had not done for a long time. On an island such as this the bolting of a door was not considered necessary in normal circumstances.

The following morning Calum over slept due, no doubt to the restless night and troubled sleep he had experienced, and the strange sounds he fancied he'd heard outside his door during the darkest part of the night. He was awakened by an insistent rattling at the door and the calling of Duncan his neighbour. When he had answered the door and invited his neighbour into the house and given all assurances that he was in good health Duncan went very quiet. Calum, made uncomfortable by the

cluinntinn na chadal. Dhùisg e as a chadal le straighlich annasach a bha gun tàmh bualadh air an dorus agus a nabaidh Donnachadh a bruidheann ris. Dh'osgail e an dorus agus aig a cheart am a toirt cinnteachas do Dhonnachadh gu robh e slàn fallain. Dh'fuireach Donnachadh sàmhach. Chuir so ioghnadh air Calum gus mu dheireadh labhair e ag ràdh, "Bha fear ceilidh gu math neònach agam an raoir." Dh'fheoraich Donnachadh, "an e sin an duine a thug an t'iasg dhùit?" Thubhairt Calum, "Chan' eil iasg agam." An sin dh'innis e do Dhonnachadh a h'uile ni mar a thachair anns an oidhche, gnothach a bha cuir dragh air.

Chradh Donnachadh a cheann 's chrom e iosal anns a chathair ag ràdh ann an guth sàmhach ann an dòigh nach robh e air son neach eile ach Calum a bhi eisdeachd ris na bha aige ri ràdh agus an sin thubhairt e, "Tha gadan eisg an crochadh ri taobh an dorus agad. Is e mo bheachd agus mo chomhairle an t'iasg a bhi air a

silence finally ventured. "I had some sort of visitor last night". "Was that the visitor who brought you the fish?" Duncan enquired. "I have no such fish", Calum replied, and then proceeded to tell his friend the full version of what had disturbed him.

Duncan nodded his head knowingly and leaning forward in the chair as if not wishing to be overheard quietly said, "There is a string of fish hanging by your door this morning. I believe it would be best if they were cast back into the sea. I fear they are the gift of a creature which came out of the sea seeking something in this house. To accept a gift when something is expected in return will only lead to trouble. No creature of good spirit makes gifts of that nature." Calums reply was quick and decisive. "I will do it without delay. The fish were given back to the sea and Calum was easy in his mind knowing that he had done the proper thing.

About a week later Calum's cousin visited from the far end of the island and after the usual pleasantries of enquiring after each

thilgeadh air ais do'n chuan. Tha eagal orm nach-eil ann ach tiodhlac bho chreutairean as a chuan air dealbh rud-eigin fhaotainn air ais. Cha do rionn creutair le spiorad math tiodhlac mar so." Fhreagair Calum gu luath le làn bheachd ag ràdh "Ni mi sin gun dàil." Bha an t-iasg air a thilgeadh air ais do'n chuan agus na dhéigh sin cha do thachair ni neònach riamh a chuir eagal air Calum. Bha toil-inntinn aige gu'n do rinn e an rud a bha ceart.

Ann an ceann seachduinn thàinig co-ogha do Chalum air cheilidh as ceann eile an eilean agus an déigh dhaibh failte a chuir air a cheile agus bruidheann a dhèanamh air an deugh-ruin 's slainte a cheile, thubhairt e ri Calum. "Chaidh mi seachad air an dorus agad air an t'seachduin so chaidh ach cha robh thu aig an tàigh. Bha an oidhche mosach 's bha an dorus agad a bualadh fosgailte agus dhùin mi e. Fhuair thu an gadan iasg a chroch mi air a chromag air taobh a mach an dorus?" "An t-iasg," arsa

others health and some small talk the cousin said, "I passed your door last week but you were not at home. It was a terrible night and your door was blowing open so I pulled it closed. You found the string of fish I tied to that hook you have outside?" "The fish," Calum replied, "Ah yes, I found them the following morning just where they were hanging." "And did you enjoy them?" his cousin enquired. "I'm sure they were very tasty," Calum replied with some disapointment in his voice but he said no more about the matter to anyone except to his neighbour Duncan.

Calum, "Gu dearbh fhuair mi an t-iasg air an ath mhadainn far an robh e air a chrochadh." "An do chòrd iad riut?" "Tha mi cinnteach gu'n robh iad gu math blasda," arsa an gille. Fhreagair Calum ann an guth car mi-thoilichte ach cha do bhruidhean e riamh ma'n chùis ri duine eile ach a charaid Donnachadh.

Airgead Na Sithichean

Bha Mairi na suidhe aig a bhòrd a bha air a sguaradh gu glan anns a bhothan iriosal aice a sealltain air an airgead a thug i as a chrogan a bha aig taobh an tinne. Cha robh ann ach dà sgillean, ni nach robh gu leoir air son biadh a cheannach dhi fhéin agus a ceathrar chloinne, ach cha robh an còr aice. Chaochail Aonghas an duine aice sè miosan riomhe so agus bho'n latha sin bha e garbh duilich gnothaichean a chumail air dealbh. Cha robh e riamh furasda ach nuair a bha Aonghas beò am bitheanta bhitheadh beagan iasg agus coinean aca air son na poit. Bha e a nis air falbh, agus bha aice ri dheanamh leis na bha comasach dhi a thoirt as àiteach an crioman beag fearann a bha aice.

'Se droch aimsir a bha ann agus an déigh beagan sheachduinean bha aice ri na bu lugha biadh a riarachadh do na beotheachain agus na cearcan, 's chuir so gainne air a bhainne agus na h'uibhean. Thug i a chuid ma dheireadh do'n bhiadh a bha aice do'n chloinn air son an suipeir 's cha robh ach bonnach beag

Fairy Silver

Mary sat at the scrubbed wooden table in her humble cottage looking at the money she had taken from the earthenware jar beside the fire. Two pennies wouldn't buy enough food to keep her and her four children, but it was all she had left. Since Angus, her husband, died six months ago it had been increasingly hard to manage. It had never been easy but when Angus was alive there had always been a few fish or a rabbit to put in the pot. Now he was gone she had to make do with what she could grow herself on the small piece of land.

It had been a poor season and over the last few weeks she had cut down on food for the animals with the result there was less milk and very few eggs. She had given the children the last of the meal for their supper and all that was left was a small scone for breakfast. Sitting there at the table she decided there was no option but to try to set a snare. She had never done this before and although she had cooked many a rabbit she had a fear of

air agail air son biadh-maidne. Na suidhe aig a bhord co-dhuin i nach gabhadh ni a deanamh ach ribe a chuir. Cha do rinn i sin riamh get a bhruich i iomadh coinnean agus bha eagal orra mu chreutair bochd a bhi fulig pian na'n robh an ribe air a chuir cearr.

Rinn i cinnteach gu'n robh a chlann sàbhailte na'n cadal mu' do thog i leatha seàla a bha an crochadh air cromag air cùl an doruis. Chuir i an seàla tiomachail orra 's dh'falbh i leis an ribe na liamh. Cha d'thug i móran ùine a coiseachd a dh'ionnsaidh na coille. Bha beachd aig luchd comhnaidh an àite gu'm bitheadh spioradan naomh a taoghall ann gu tric. Chleachd i fhéin agus Aonghas a bhi coiseachd ann gu bitheanta mu'n deachaidh iad gu tamh air son na h'oidhche. Bha seann sgeulachd air a ràdh gu b'e dachaidh na sithichean a bha anns na cnocan beag timchioll air a choille. Bhitheadh a chlann gu tric a tilleadh dhachaidh ag ràdh ri am parantan gu'n robh iad a cluich comhla ris na sithichean. Cha do chreid i riamh ann an gòraich do'n seòrsa so, agus air reir an

causing pain to a poor beast because the snare was not set properly.

She checked that the children were safely asleep before taking her shawl from a hook behind the door and wrapping it round her she set off with the snare in her hand. It didn't take long to walk to the wood which was known locally as a place frequented by good spirits; it was a walk she and Angus had often taken together before retiring for the night. Legend had it that the small hummocks scattered around this place were the homes of fairy folk and the children had often come home to their parents talking of playing with 'fairies'. She didn't believe in such nonsense and depending on her mood she had either humoured or chastised them for their foolishness. Angus had always encouraged them and would sit by the fire telling stories which he had learned from his own father. It was said that people living in the house close to this wood would never know bad luck because the fairies brought

sunnd a bha orra dh'aontaich i leis a chloinn air uairean agus air uairean eile chuireadh i smachd orra a bhi gabhail geill do leithid do ghòraich. Bhitheadh Aonghas a toirt misneach dhaibh na shuidhe aig taobh an teinne ag innseadh sgeulachdean a chuala e bho athair fhéin. Bha e air aithris nach tigeadh droch-eigin air duine a bha fuireach anns an tigh a bha faisg air a choille a chionn an saibhreas math a bha na sithichean a tabhairt. Bha i am feum cobhair a nis ach bha amhras aice nach deanadh na sithichean cudachadh dhith air an ribe a chur.

An déigh dhi dol a stigh do'n choille sheall i air son àite freagarach 's chaidh i sios air a glunain 's chuir i an ribe cho math 's b'urrain dhi. Dh'eirich i na seasamh 's ghlan i an ùir bho a h'aodach mu'n dh'fhàg i choille ann an dochas gu'n do rinn i an gnothach ann an dòigh ceart. Ged a bha e fuar 'se feasgar math a bha ann agus choisaich i gu mullach a chnoc a choimhead air dol fodha na gréine. Bha an t'athar a dealradh gu briagha le dathan

only good fortune. Well she needed good luck now but she doubted if any fairy would help her set the snare.

Once in the wood she looked for a suitable place before kneeling down to set the snare. After doing the best she could she brushed the earth from her skirt and left the wood hoping she had done the job properly. Although it was cold it was a lovely evening so she walked to the brow of the hill watching the sunset. The sky was a mixture of fiery reds and warm greys and the scenery was beautiful but her heart was heavy with worry about what was to become of her children.

She sat on a large stone to watch the sunset as she had done many times before with her husband and recalled the conversations they had about the future. Now she could see no future and despair could be seen on her face. On the grassy bank in front of her a blackbird was pecking at a worm but the worm seemed to be

dearg 's glas, ach ged a bha e cho maiseach bha a cridhe trom le dragh 's cùram orra ciod a thachradh do'n chlann.

Shuidh i air clach mhór a coimhead air a ghrian a dol sios mar a rinn i iomadh uair maille ris an duine aice. Bhitheadh iad an sin a comhradh air cùisean ri teachd ach a nis bha i gun dochas agus bha a choltas sin orra. Bha Lon-Dubh ma coinneamh air an raon a piocadh air boiteag ach cha robh dol leis robh mhath. Thuig i mu dheireadh nach e boiteag a bha aige ach sgòd do sreang caol agus cho luath sa ghluais i bho'n clach dh' itealaich an t'eun air falbh. Mar a thog i an sreang agus a tharruinn i air bhrist e far an robh e fodha anns an talamh fo chlach. Tharruinn i air an crioman a bha air agail 's dh'fhairich i rud-eigin a gluasad mar gu'n robh e an crochadh ri ceann na sreang. Le beagan deuchainn ghluais i a clach gu aon taobh air son gu faigheadh i a làmh a chur fodha. Rinn i so agus ghlachd a corragan air poca beag do aodach cainbe 's e ceangailte ri ceann na sreang. Dh'fhosgail i am poca agus

putting up a good fight. As she sat watching she realised it wasn't a worm but a piece of fine cord. The bird flew off as she moved forward to pick up the cord but she found it was stuck under a stone. As she tugged the cord broke in her hand leaving the other end where it was concealed. Intrigued she pulled at the cord and felt something moving. With a bit of effort she moved the stone to one side making enough room to put a hand underneath. Her fingers closed on what appeared to be a small cloth bag and after a few attempts finally removed a small canvas bag. Untying the cord she emptied the contents on to the grass in front of her and sat back on her heels in amazement. Before her, shining on the green turf was a small pile of silver coins, more money than she had ever seen in her life. What should she do? Who did it belong to? Should she tell someone? Who was there to tell?

Quickly she picked up the coins, put them back in the bag and tucking it into her shawl hurried back home. After lighting the

crath i na bha ann a mach air an fheur ma coineamh: Bha ann an sin buinn do stòras airgead a bharrachd air na chunnaic i riamh 's bha e na chruach a dearsadh mu coinneamh air an raon uaine. Sheall i air le mór-ioghnadh. Ciod a bu chòir dhi a dhèanamh? Co leis a bha e? Ann robh còir aice ri innse do chuid-eigin? Co a bha ann air son innseadh?

Thog i na buinn gu luath 's chuir i air ais do'n phoca iad 's ga paisgeadh anns an t-seàla rinn i cabhag dhachaidh. Nuair a las i an crùisgean dhòirt i na buinn air a bhòrd agus bha iad a deàrsadh gu soilseach le solus a chrùisgean. Bha sabhreas aice an sin, gu leòir air son a chlann a chumail ann am biadh 's aodach fada iomadh bliadhna ach cha'n ann leatha a bha e. Co leis a bha e.

Chuir i an coire air an teinne agus mar a bha e a goil rinn i suas a h'inntinn gu feumadh gu'n robh an t'airgead ciallaichte

lamp she poured the coins onto the table where they gleamed brightly in the light of the lamp. This was a fortune lying here, enough to keep her children clothed and fed for years, but it didn't belong to her. Who did it belong to?

She put the kettle on the fire and while it was boiling she decided the money must be meant for her. Tomorrow she would take her children to Inverness to buy clothes and food. That night she went to bed with a light heart, a feeling she hadn't had for months and as she fell asleep she remembered the story Angus told the children about the fairies in the wood guarding the good fortune of the people nearby. Well, of course she didn't believe such nonsense but is was a strange find after all.

dhith. Bheiradh i a chlann do Inbher-Nis am màireach a cheannach biadh agus aodach dhaibh. Nuair a chaidh i a laithe an oidhche sin bha a cridhe aotram, ni nach do dh'fhairrich i a chionn iomadh miosan agus mu'n do chadail i chuimhnich i air an sgeulachd a dh'innse Aonghas do'n chlann mu'dheibhinn na sithichean anns a choille a bhi dion saibhreas na daoine a bha fuireach faisg orra. Cha do chreid i a leithid do ghòraich ach 'se gnothach iongantach a bha ann an deigh a h'uile ni.

Maighdean An Ròn

Tha cuid do dhaoine ann an Alba aig am bheil creideas ann an seann sgeulachd a reir càirdeas an gineal ris na ròin. Tha e air aithris ann an aon sgeulachd gu'n robh gille òg, a cheud mac do Cheann-cinnidh a gabhail cuairt air tràigh mar a chunnaic e na bheachd buidheann do dh'òganich agus nigheaninn a snàmh anns a chuan air cùl creagan a chladaich. Bha a ghrian air dol fodha 's mar sin bha làn soillseachd an latha air fàs fann agus ràinig e gu math dlù dhaibh mu'n do thuig e nach robh ann ach ròin. Mhothaich e nach do chòrd e ruithe e bhi na lathair 's thionndaidh e air falbh as an sealladh. Ann sin chunnaic e craicean ròn a bha aig làn-fhàs air a phaisgeadh cho grinn air aon do na creagan. "Se so an ni a tha cuir dragh orra," smaoinaich e, " bheir mi leam so as an sealladh air son faothachadh a thoirt dhaibh mu'n call." Thug e an craiceann dhachaidh agus an déigh dha a chuir suas air lobhta an tighe thill e air ais do'n tràigh a chuir crìoch air a chuairt.

The Seal Maiden

Certain people in Scotland have it in their family lore that they are the descendants of seal folk. One such legend refers to a young man, it is said he was the first born son of a chieftain, who while walking on the shore had his attention drawn to some rocks beyond which he fancied he saw a group of young men and women swimming in the sea. The light was dim as the sun had not long gone down below the horizon and it was not until he was at the place that he realised what was swimming was a group of seals. His presence seemed to upset them so he turned away and as he did so saw, neatly folded on one of the rocks, a full size seal pelt. "So this is what is upsetting them," he thought. "I'll take this away from their sight to ease the memory of their loss." He took the pelt with him to his house and placed it in the rafters before returning to the shore to continue his evening walk.

When he reached the place where he had been before the seals were gone and a young woman was sitting on a rock looking out to

Nuar a ràinig e an t'àite far an robh na ròin cha robh sealladh ri fhaicinn orra. Chunnaic e nighean òg na suidhe air creag ag amharc a mach air a chuan 's i a caoineadh gu brònach. Cha robh orra do dh'aodach ach earrann do chlò garbh coltach ri clò a bhitheadh air a chuir air leth air son gleidhadh grainne agus mi-coltach ri clò aodach. Chuir so truas na chridhe 's rinn e cabhag ri sòlas a chuir orra 'a faighneachd aobhar a bròn. An aon tuighse a fhuair e 'se gun robh i air a tréig le a teaghlach agus air a fàgail ann an dìth. Bha esan na dhuine onarach agus mothachail ri cùisean dhaoine a bha air an cuir ann an trioblaid agus a chaill gach ni a bha aca, 's mar sin thairg e àite dhith na dhachaidh. A chionn nach robh dòigh eile aig an nighean air a bhi beò gun taic 's gun dachaidh ghabh i gu taingeal an tairgse a fhuair i.

Ann an ùine ghoirid ghabh an Ceann-cinnidh òg gràdh mòr do'n nighean a bha na pearsa cuimhneil agus cùramach na dòigh. Bha fior creideas aige nach robh eader-dhealachadh ann an fiach duine

sea weeping sorrowfully. Her only garment was of a rough woven piece of fabric that would have been more appropriate to holding grain than as clothing. The sight before him reached deep into his heart with such compassion that he made haste to comfort her and enquire of the cause of her sorrow. All he could learn was that she had been abandoned by her people and left in distress. He, being a man of honour and sensitive to the plight of the dispossessed, offered her a place within his own household. Seeing no alternative other than to perish from lack of sustenance and shelter the young woman gratefully accepted the offer.

It was not long before the young chieftain formed a deep attachment to this young lady who had shown herself to be a kind and caring person. Being a man who believed that the worth of a person had little to do with wealth and position the circumstances of her discovery were of no consequence to him. He determined to make this gentle person his bride if she would have him. Knowing

gun beairteas agus duine ann an suidheachadh làn saibhreas 's mar sin cha do chuir an staid anns an dh'fhuair e an nighean dragh air. Chuir e riomhe am pearsa seimh so a posadh na gabhadh i e. Dh'aontaich i a phòsadh a chionn gu'n robh i cinnteach na mhathas agus a cheartas, 'se sin na'm bitheadh i comhnaidh na thigh ann an ceann mios. Chuir an cùmhnant a rinn i móran dragh air gu sònraichte mar a bha e ga faicinn gach beul oidhche a dol a dh' ionnsaidh a cheud àite far an do choinnich i ris. Shuidhe i air a cheart chreag aig taobh a chladaich a gh'amharc a mach air a chuan aig dol fodha na gréine 's i fuireach ri dorchadas na h'oidhche mu'n tilleadh i a dh'ionnsaidh an tighe. Cha d'thug i riamh soillseachadh dha air a chleachdadh so a bha aice agus cha do dh'feòraich e chionn gu'n robh e soillear dha gu'n robh i a coimhead air son a cuid dhaoine. Cha do thill iad agus chum i a gealladh.

him to be a good and generous man she agreed if after the passing of one month she still remained within his house. Much disturbed by this condition he watched as each evening she went to the place where he had first seen her. She would sit on the same rock by the shore looking out to sea while the sun set and waited till the last of the light had gone before returning to the house. Never once did she offer a word of explanation and neither did he ask for it was apparent to him she was looking for her people. They did not come back and she kept her bargain.

Over the years that followed she bore him three fine sons and they lived a good and prosperous life but there was always somewhere in the back of her eye a distant longing for which he knew no cause. On day when father and sons were hunting deer she took it upon herself to clean the house from the rafters to the doorstep and discovered the pelt where it had been left so long ago. Her joy was immense. That which was lost had been found.

Air dol seachad na'm bliadhna thog i triùir mhic uasal dha agus bha beatha mhath aca maille ri pailteas saibhreas, ach a dh'aindeoin sin bha miannachas céin na sùilean nach b'urrain dha a thuigsinn. Air aon do na laithean a bha na gillean agus an athair a sealg féidh ghabh i orra fhéin an tigh a ghlanadh bho'n lòbhta gu clàr an dorus agus ciod a fhuair i ach an craicean far an robh e air a chuir a chionn fada. Bha a sonas anabarrach. An ni a bha cailte bha e nis air fhaighainn. Ghreimich i ris ga tharruinn dlù rithe dol sios do'n tigh 's breisleach na h'inntinn. Bha dòigh aice a nis air tilleadh a dh'oinnsaidh a cuid dhaoine fhéin, ach bha faireachadh bròn orra a bhi fàgail na daoine a nochd a leithid do chaoimhneas agus blàs rithe. Bha ni-eigin nach robh na comas a stad ga tarruinn fad an rathad gu oir a chuain. Thionndaidh i a sealltain air ais 's chunnaic i an duine aice agus na gillean a tilleadh bho'n t'sealg agus chunnaic iadsan ise. Cha di-chuimhnea-chadh i gu bràth an deuchainn agus am mulad a bha air a

She clutched it close to her as she descended to the house and was immediately thrown into confusion. She had the means to return to her own kind but felt a great sorrow at the thought of leaving the people who had shown her such kindness and warmth. Something she could not withstand grew within her drawing her all the way to the edge of the sea. As she turned to look back she saw husband and sons returning from the hunt and they saw her. She would never forget the desperation and sadness of those who rushed to her as she followed her destiny slipping on the seal pelt and plunging into the water.

The watching group on the shore knew she was lost to them but they knew also that the gift she left behind was more than memories. They were a proud and gentle people with a great compassion and understanding for all creatures on land and in the sea, and as far as we know still are.

chomann a ruith ga h'ionnsaidh nuair a chuir i orra craicean an ròn agus a leum i gu siorraidh air ais do'n chuan.

Bha fios aig a chomann a bha ga faicinn aig an tràigh gu'n robh i ga fàgail ach bha an tiodlac a dh'fhàg i as a déigh na bharrachd air cuimhne. Bha iad na daoine pròiseil caomh aig an robh truas 's tuigse do gach creatair air muir 's air tir, agus cho fada 's tha fios againn tha e mar sin fhathast.

Gasgaich Fionn

The iomadh sgeulachd air aithris ann an Alba mu dheibhinn gaisgaich treun a rinn tabaid ann an cogaidhean garbh air aobhar onair agus ceartas. Bha aon dhiubh feachd do dh'fhineach a bha leantainn am fear treoiriche Fionn na'n gaisgaich ainmeil anns an aimsir o'shean. Aig deireadh an latha bha e air a ràdh gu'n deachaidh iad a stigh do uaimh domhain a gabhail fois air son an neart a chumail làidir ann an dòchas gu'm bitheadh iad deas air son tilleadh air ais na'm bithaedh feum orra. Mar sin chroch iad adharc mhór ri mullach na h-uaimh air son an dùisgeadh bho'n cadal na'm bitheadh iarraidh air an seirbheas agus mar sin cha robh aig aon air bith a bha ann am feum cobhair ann an droch aimsir ach tri seirm a thoirt air an adharc a ghairm na spioradan bho Eilean na Gaisgeach agus thilleadh iad a thabaid an aghaidh mi-cheartas agus deuchainn.

A chionn a dhà na tri cheud bliadhna air ais bha gille òg a g'iomain dròbh do threud gu àite ionaltradh an t'samhradh nuair

Fingal's Heroes

Scotland has many tales of heroes who fought great battles in the cause of honour and justice. The most notable of these were a group from ancient times known as the Fingalians, after their leader Fin or Fingal. At the end of their time the heroes, it is said, went deep into a cave to rest and regain their strength so they would be ready to emerge when their services were once again needed. So they may be aroused from their deep sleep a large horn was suspended from the roof of the cave and anyone, in a time of great need, giving three loud blasts would recall their spirits from the Isle of Heroes and they would return once more to do battle with injustice and oppression.

Two or three hundred years ago, while taking the cattle to the summer pastures, a young man chanced upon a cave which he had not seen before and, in the way that young men do when they are a little bored with the task on hand, decided to divert himself and explore the opening in the rock. As he entered and his eyes

a thàinig e tarrsuinn air uamh air nach robh eòlas aige air fhaicinn riamh, agus ann an dòigh mar a ni gillean òg a tha sgith do obair gun tlachd chuir e riomh rannsachadh a dheanamh air an fosgailadh so anns a chreag. Chaidh e stigh do'n uaimh agus mar a chleachd a shuillean ris an dorchadas chunnaic e coltas rud-eigin aig ceann a stigh na h'uaimh. Mar chaidh e air adhart anns an dorchadas bhuail a cheann air rud-eigin a bha an crochadh ri mullach na h'uaimh. Rinn so fuaim neònach a thug air stad a dh'faicinn ciod an rud iongantach a bha ann. Nuair a thuig e gu'm be seann adharc umha a bha ann thàinig sonas na inntinn is e am beachd a bhi tilleadh dhachaidh aig deireadh an t-samhraidh le a leithid do craobh-chosgair. Bha sin mar a bha, ach bha an adharc ceangailte le slabhraidh do dh'iaruinn làidir a bha neo-chomasach dha fhuasgladh agus a dhuais a dhealachadh. Rinn e suas inntinn tilleadh latha eile le ball-acainn freagarrach a ghearradh na slabhraidh gun milleadh a dheanamh air an adharc,

became accustomed to the faint light he was aware of shapes at the far end of the cavern. Progressing into the dimness he struck his head against something hanging from the roof. It gave a strange metallic sound and of course he stopped to investigate the nature of this strange thing. When he realised the object was an old bronze horn he was delighted with the prospect of returning home at the end of the summer with such a trophy. However it was securely fixed by such a strong chain that try as he might he could neither break the links nor detach his prize. There and then he resolved to return at a later date with suitable implements to cut the chain. He had no intention of causing damage to such a fine horn by unnecessary rough handling, but before he went on to examine what by now he imagined must be more treasures at the back of the cave he decided to blow the horn to test the quality of the sound and so he took a deep breath and gave it a mighty blast.

ach mu'n deachaidh e air adhart do'n uamh a dh'fhaicinn ciod an stòras eile a bha ri fhaotainn ghlachd e an adharc agus a gabhail anail math shèid e fuaim làidir aisde air son tuigse a bhi aige air gnè a fuaim.

Dh'éisd e ris an fhuaim binn lurach a chuala e a deanamh ath-ghairm bho balla na h-uaimh. Bha e a gabhail a leithid do bheachd do'n t-seirm a bha e a cluinntinn 's mar sin cha robh aire air a ghluasad a bha gabhail àite aig ceann a stigh na h-uaimh. Ciod a bha ann ach gaisgeach faoinsgeul 's aid a carrachadh na'n cadal. Bha seirm na adharc cho binn agus tlachd-mhór na bheachd 's chuir e an adharc ri bheul a rithist 's tharruinn e seirm eile aisde. Co-dhiu, an uair so mu'n do sguir fuaim na adharc mhothaich e gluasad mu choinneamh anns an uaimh. Sheall e gu faicilleach troimh an dorchadas agus chunnaic e le iongnadh agus eagal, Fionn agus a chuid ghaisgeach na'n leth-laidh air an uilean.

The sweetness and purity of the sound held him transfixed as he listened to it echoing round the walls. Such was his fascination for this deep, mellow sound that he was unaware of movements at the back of the cave as the legendary warriors stirred. Indeed he was so taken with the beauty of the sound he could not resist the temptation to once more put the horn to his mouth and give it another blast. This time however, before the sound had finally died away he was aware of movement ahead of him in the cave. Warily he peered into the gloom and to his amazement and fright was confronted by the sight of Fin and his warriors raised on their elbows. As much as he stared at this strange sight they stared back at him until, in his fright, he turned and ran for the exit. The Fingalians were furious at his sudden departure and roared after him, "Blow it again. We are neither in this world nor the other if you do not blow it a third time."

Mar a rinn e geur-amharc air an sealladh neònach a bha mu choinneamh, is ann a bu mhotha a rinn iad geur-amharc air. Na eagal thionndaidh e agus ruith e a mach as an uaimh. Chuir so fearg air na Finneach agus ghlaodhaich iad as a dhéigh. "Thoir séid eile air. Cha mhò a tha sinn anns an t-saoghal so na anns an t-saoghal eile mar an seid thu e an treas uair."

Cha do sguir am buachaille òg gus an robh e gu math fada air falbh bho'n uaimh. An déigh dha anail a tharruinn agus fois a ghabhail chuir na chunnaic e agus na thachair ris móran dragh air. Bha fios aige air faoinsgeul na gaisgaich fiadhaich, ach uasal ged a bha iad bha beachd aige nach robh còir aige air an leigeil as. Dh'fhàg e an spreidh ann an àite sabhailte agus thill e dhachaidh a dh'innseadh a naidheachd agus a dh'iarraidh cuidachadh.

Nuair a chuala na seann daoine naidheachd a ghille chaidh iad ann an comhradh ri cheile a bheachdachadh ciod a bu chòir dhaibh a dheanamh. Thubhairt cuid gu'n robh e cunnartach agus faoin

The young herdsman did not pause until he was well clear of the cave. After he had gathered his wits and regained his breath the realisation of the circumstances caused him much concern. He knew the legend and the thought of releasing these fierce warriors, noble though they were, was more than he could decide. So he left the cattle where they would be safe and returned home to tell his tale and seek assistance.

When the elders heard the tale they engaged in a long debate on the correct course of action. Some said it would be a dangerous and foolish task to recall Fin and his men. Surely they would prove to be difficult. There were far fewer deer on the hills for hunting, so how could the great feasting to which these warriors were accustomed be maintained. Finally it was decided by majority opinion that the ancient heroes were men of honour and would understand the folly of youth and it would be better for all concerned if they returned with the herdsman to the place and

na'n robh Fionn agus a chuid ghaisgeach air an gairm air ais. Gu cinnteach bhitheadh iad draghail. Bha na féidh gann anns a mhonadh agus mar sin bhitheadh e duilich do'n na gaisgeach na cuirm mhór a chumal mar a chleachd iad. Mu dheireadh cho-dhuin a 'mhór cuid gu'n robh na seann ghaisgeach nan daoine onarach aig an robh tuigse air faoineas na h-òighre 's mar sin bhitheadh e na b'fhearr dhaibh tilleadh leis a bhuachaille agus crìoch a chuir air a ghnothach. Cò-dhiù, nuair a ràinig iad an t-àite feurach iosal fhuair iad an spreidh ag ionnaltradh ach bha e neo-chomasach dhaibh an uaimh fhaicinn ged a bha iad mu choinneamh an àite far am bu chòir dhi a bith. Cha deachaidh faicinn a dheanamh air an uaimh le duine bho'n latha sin gus an latha diugh.

Agus a charaid, ma bhitheas thu coiseachd anns an Eilean Sgitheanach agus ma thig thu tarrsuinn air uaimh; agus na'n rachadh tu stigh do dhoimhneachd na h-uamh; agus ma bhuaileas

completed the deed. However, when they reached the lower pastures they found the cattle grazing but were unable to locate the cave even when they were placed directly in the place where it should have been. To this day no one has found the cave.

So friend; if you are walking on the Isle of Skye and come across a cave, and if you go deep into that cave, and if you strike your head on a bronze horn suspended from the roof, I trust you will know what you have found and know what you should do.

tu do cheann air adharc umha an crochadh ri mullach na h-uaimh, that mi an dòchas gu'm bith fios agad ciod a fhuair thu, agus ciod a bu chòir dhuit a dheanamh.

An Nathair Gheal

Tha e air a ràdh ann an seann sgeulachd cò air bith a gheïbh nathair geal agus a ni brot leatha, a dh'itheas a feòil agus a dh'òlas am brot bhitheadh e sin comasach dha comhradh nan eòin agus comhradh na h-ainmhidh a thuigsinn. Dh'fheuch cuid nhath do dhaoine ri creutair do'n t-seorsa so fhaighainn air son buannachd a bhi aca air a ghliocas so, ach 's e gle bheag dhuibh a fhuair snaigneach cho annasach.

Ann an ùine mu'n deachaidh Albainn a dheanamh na aon rioghachd bha righ ann a rinn pailteas do bheairteas aig cosgas a chuid dhaoine agus a luchd-nabaidh. Rinn e suas intinn nach robh ni eile aige ri choisinn ach gliocas na nathair gheal. Bha e an déigh prionnsa òg a ghabail na sheirbheas, gille òg a bha gun fearann 's e ann am bochdainn le cìsean garbh a bha air a leigeil air an oighreachd aige. Bha an duine òg so, mi-choltach ris an righ, agus creideas aige gu'm bu choir beairteas na talamhainn a bhi riaraichte measg an t-sluagh agus nach robh e ceart am

The White Snake

There is a legend that whoever finds a white snake and uses it to make a soup, then eats the meat of the snake, and drinks the soup will gain the powers to understand the conversation of the birds and animals. Many people have sought to find such a creature to gain this wisdom but few have found such a rare reptile.

There was a king, before the time when Scotland had been formed into one nation, who had gained great wealth at the expense of his people and that of his neighbours, who decided that all that was left to gain was the wisdom of the white snake. He had taken into his service a young prince who had been made landless by the harsh taxes imposed upon his estate. This young man, unlike the king, believed that the wealth of the land belonged to everyone and that it was wrong for one person to own so much when others went in need, but there was nothing he could do except serve his greedy master.

beairteas a bhi aig aon duine mar a bha a chuid eile ann an dìth, ach cha robh comas aige air ni a dheanamh ach seirbheas dha mhaighistear sanntach.

Aon latha dh'òrduich an righ am prionnsa a dheanamh suibhal air son nathair gheal fhaighinn agus gun tilleadh gus am bitheadh i aige. Cha robh e ceadaichte dha a thuras innse do dhuine air eagal gun rachadh a goid uaithe mu'n tilleadh e. Chuireadh goid na nathair fearg garbh air an righ agus peanas cudthromach air a phrionnsa. Fhuair e gealladh air paidheadh math bo'n righ na'n rachadh leis gu math. Mar sin bha an gille òg eadar maoidheadh agus gealladh a gabhail roimh air a thuras.

Chaidh seachduin an déigh seachduin agus mios an déigh mois seachad agus an duine òg a tighinn beò air an fhearann ann an dòigh cho math 's bha na chomas mu'n do ràinig e àite far an robh móran sheòrsa nathair a comhnuidh. Chuir e seachad mios eile a

One day the king commanded the young prince to search for the white snake and not to return without it. He was to tell no-one of his task for fear that someone might steal it from him before his return as this would greatly anger the king and bring a severe punishment. The king further assured the young man he would be well rewarded on the success of the venture. So with a threat and a promise the young man ventured forth on his task.

The weeks stretched into months, with the young man living as best he could off the land, before he happened upon a place where a great variety of snakes were known to dwell. There he searched and searched for another month before he found, in a deep crevasse in the rocks, what he was seeking. During his long search he had learned much about the countryside and the ways of the creatures living in it, so he managed to capture his prize without too much difficulty before heading back to his master.

rannsachadh agus a rannsachadh gun tàmh mu'n dh'fhuair e ann an sgoltadh domhain anns na creagan an ni a bha e a suibhal. Fad na h'ùine a bha e air toir a ghnothach dh'ionnsaich e móran do dhòigh na talamhainn agus dòigh na creutairean a bha tighinn beò air an talamh. Mar sin cha robh e uile gu leir duilich dha glacadh air an duais a bha e a suibhal mu'n deachaidh e dhachaidh gu mhaighistear.

Ràinig e tigh a mhaighistear anns an òidche 's e sgìth an déigh an turas air an robh e. Bha e air an triall gun fois fad dà latha 's eagal air an nathair a chall no gu'm bitheadh i air a goid uaithe. Cha robh suim aig an righ do nithean mar so, agus dh'òrdaich e do'n phrionnsa deanamh air an tigh chocaireachd agus an dorus a ghlasadh air son nach bitheadh e ri fhaicinn coid a bha gabhail àite agus bha an nathair ri bruich an òidhche sin agus a feòil ri dheanamh deas air son biadh madainn an righ. Chaidh an righ gu

He arrived back late at night to the king's house much wearied from his journey. He had travelled two days without rest for fear of loosing the snake or having it stolen from his possession. The king had no concern for such things now and sent him directly to the kitchens with orders to bar the door least anyone should see what was happening, and have the snake cooked that night so he might dine upon it's flesh in the morning. And so the king retired for the night well pleased with the thought that in the morning he would have control over all creatures in the land.

Tired and hungry as he was the young prince skinned the snake and set about preparing the dish for his master. The pot boiled and bubbled as, overtaken by exhaustion, the prince drifted into a deep sleep. After some hours the aroma from the cooking pot drifted into his nostrils and roused him from his sleep. Immediately he was concerned that the dish would be spoilt from over cooking so he decided to taste it rather than face the wrath of

fois air son na h'òichdhe 's e toilichte na bheachd gu'm bitheadh làn riaghladh aige anns a mhadainn air a h'uile creutair air thalamh.

Ged a bha am prionnsa sgìth agus acrach dh'feann e an nathair agus rinn e dealbh air a chuirm a dheanamh dha mhaighistear. Bha e sgìth agus claoidhte 's thuit e na shuain chadal fad 's bha a phoit a goil. An ceann beagan ùine dhùisg e le fàileadh bruich na poit na shròin. Chaidh e na chabhag air eagal gun robh am biadh air a mhilleadh le móran bruich. Bha creideamh aige gu'n robh e na b'fearr dha am biadh a bhlasadh na seasamh ri fearg an righ. Chòrd am biadh cho math ris 's cha b'urrainn dha fhagail agus mu dheireadh dh'ith e na bha ann. Smaointich e air an rud a rinn e ach ged a bha fios aige gu robh e neo-chomasach dha, chuir e roimh dol a mach air an dorus cùl an tighe agus fiachainn ri nathair eile fhaighainn dha mhaighistear.

the king. When he did, the flavour was so fine that he could not leave it and before long had eaten the lot. The realisation of what he had done swept over him and although he knew it was an impossible task he resolved to slip out the back door and find another snake for his master.

As he came into the night air he said aloud to himself, "Oh, where can I find such a dish as I have eaten?" A voice replied to him saying, "Such as you have eaten is not to be found in these parts." He was immediately alarmed and demanded to know who it was who knew of his business. "I know of your business," said a raven perched on the branch of a tree above his head. "I and my kind have been watching you and know of your task. The better man has gained the wisdom. Go from these parts before harm comes to you." The raven flew off to tell it's kind what had happened and the prince escaped into the darkness.

Air dha dol a mach do dh'iarmailt na h-òidhche thubhairt e ris fhéin, "C'àite am faigh mise biadh coltach ris a bhiadh a dh'ith mi?" Fhreagair guth e ag ràdh, "Chan'eil na dh'ith thu ri fhaighainn anns an àite so." Chlisg e gu grad 's dh'fheòraich e co-aige a tha fios air na bha mi e deanamh. "Tha fios agam air do gnothach," thubhairt fidheach a bha na shuidhe air spiris ann an craobh as a chionn. "Bha mise agus mu sheòrsa a cumail sùil ort agus air an obair a tha agad. Se an duine a 's fearr a choisinn an gliocas. Gabh air falbh bho'n àite so mu'n tachair cron dhut." Dh'itealaich am fidheach air falbh a dh'innse dha sheòrsa ciod a thachair agus theich am prionnsa triomh an dorchadas.

Ann an ùine ghoirid bha fios aig a h'uile creutair agus duine air thalamh air na ghabh àite. Chruinnich iad uile comhla na feachd mór agus air an stiùradh leis an duine òg aig an robh nis tuigse air cainnt a h'uile creutair, dh'fhuadaich iad an duine ainneartach

Before long all the creatures and all the people living on the land knew of the circumstances. Together they united in a great force and led by the young man who had gained the knowledge of the conversation of all creatures fell upon the tyrant whom they banished from the land. Then life returned to what it had been before with no-one seeking mastery over another. Kinship and justice had once more returned.

bho'n duthaich. Na dhéigh sin thànig sith 's fois gun aon duine fiachinn ri buaidh air aon eile. Bha cairdeas agus ceartas air tilleadh aon uair eile.